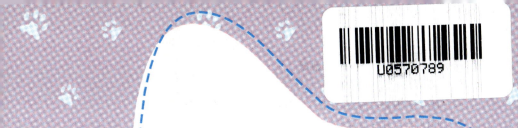

爱阅读

大开眼界 系列

遗产大观园

雨 田 主编

辽宁美术出版社

图书在版编目（CIP）数据

遗产大观园／雨田主编．—沈阳：辽宁美术出版
社，2018.5（2023.6 重印）
（爱阅读大开眼界系列）
ISBN 978 - 7 - 5314 - 7988 - 8

Ⅰ．①遗…　Ⅱ．①雨…　Ⅲ．①文化遗产 - 世界 - 少儿
读物　Ⅳ．①K103 - 49

中国版本图书馆 CIP 数据核字（2018）第 070901 号

出　版　社：辽宁美术出版社
地　　　址：沈阳市和平区民族北街 29 号 邮编：110001
发 行 者：辽宁美术出版社
印 刷 者：北京一鑫印务有限责任公司
开　　　本：650mm×950mm　1/16
印　　　张：8
字　　　数：61 千字
出版时间：2018 年 5 月第 1 版
印刷时间：2023 年 6 月第 4 次印刷
责任编辑：孙郡阳
装帧设计：新华智品
责任校对：郝　刚
ISBN 978 - 7 - 5314 - 7988 - 8

定　　　价：39.80 元

邮购部电话：024 - 83833008
E - mail：lnmscbs@163.com
http：//www.lnmscbs.com
图书如有印装质量问题请与出版部联系调换
出版部电话：024 - 23835227

前言

　　时间的车轮辗转而过，历史的变换带走了曾经的繁华，但总有代代相传的文明遗迹像火炬一般照亮我们前行的脚步，那些穿越时光的洗礼依旧绽放光彩的不朽建筑，铭记了前人的智慧，也激励着我们不断创造更加灿烂的文明。

　　本书精心选择了来自全球五个大洲具有非凡意义的文化遗产，着重介绍了它们的地理位置、建造时间、外形特点、建造意义和享誉全球的原因，如法国的枫丹白露宫、中国的故宫等。除了经典的建筑，还收录了各大洲内拥有动人的景色或特殊意义的自然景观，如澳大利亚的大堡礁和美国的黄石公园等。

　　本书为了方便孩子们阅读采用了注音版，沿用百科图书的经典编排形式，将世界各地的文化遗产按照所在区域分类，详细介绍了文明遗产的背景资料和相关知识，更有助于孩子们系统地学习。另外，为了更好地展示这些建筑和古迹的风采，编者特意选择了众多精美的图片，让孩子获得的知识更加直观、生动。

编　　者

目录
■CONTENTS■

 第一章
非洲

第二章
美洲

第三章

亚洲

第四章
欧 洲

第五章

大洋洲

AIYUEDUDAKAIYANJIEXILIE

爱阅读 大开眼界 系列

非洲

第一章

开罗伊斯兰教
老城

在开罗伊斯兰教老城中有着众多古迹，如阿麦尔·印本阿斯大清真寺宣礼塔，它是埃及历史中的第一座清真寺宣礼塔。宣礼塔既是祈祷之地，也是沙漠中驼队的指向标。

开罗伊斯兰教老城是在埃及尼罗河三角洲顶端南部发展起来的一座古老的城市,有"千塔之城"之称。1979年,联合国教科文组织将开罗伊斯兰教老城作为文化遗产列入《世界遗产名录》。

lǎo chéng zhōng de ài hā dé yī běn tú lóng qīng zhēn sì
老城 中的艾哈德·伊本·图隆清真寺

shì āi jí dì èr dà qīng zhēn sì yōng yǒu pái gǒng mén gǒng
是埃及第二大清真寺,拥有5排拱门,拱

mén yóu jù dà de fāng zhù zhī chēng měi gè fāng zhù sì jiǎo hái pái
门由巨大的方柱支撑,每个方柱四角还排

liè gēn xiǎo zhī zhù gǒng mén shang diāo kè yǒu tú àn tā shì āi
列4根小支柱,拱门上雕刻有图案。它是埃

jí guó nèi bǎo cún zuì wán zhěng de gǔ dài qīng zhēn sì
及国内保存最完整的古代清真寺。

阿布·辛拜勒神庙

ā bù xīn bài lè shén miào wèi yú āi jí ā sī wàng yǐ
阿布·辛拜勒神庙位于埃及阿斯旺以
nán qiān mǐ chù zhěng gè shén miào jiàn zhù qún yuē jiàn yú gōng
南280千米处。整个神庙建筑群约建于公
yuán qián nián shén miào xiū jiàn gòng yòng shí yuē èr shí nián
元前1284年,神庙修建共用时约二十年。

阿布·辛拜勒神庙通过人工劈凿建造在尼罗河西悬崖的山体上，庙高30米、宽36米、纵深60米，神庙中的壁画上刻画了宗教仪式和国王军队作战的纪念场面及铭文。1964年，阿布·辛拜勒神庙因修建阿斯旺水坝而整体迁移。

阿布·辛拜勒神庙

阿布·辛拜勒神庙很奇妙，太阳光一年照进神庙两次，并照射在拉美西斯二世的石像上，时间恰好是拉美西斯二世的生日和奠基日，人们把这一奇观发生的时间称作"太阳节"。

智慧讲堂

古城底比斯及其墓地

卡纳克神庙和卢克索神庙是古城底比斯的著名建筑。卡纳克神庙中最雄伟的建筑是一座密林似的柱厅,那里纵横排列着136根6人才能合抱的石柱,石柱和墙上刻有逼真的浮雕以及彩绘。

古城底比斯是古埃及中世纪和新王国时代的首都，也是供奉阿蒙神的城邦。卡纳克和卢克索的神庙与宫殿及国王谷是举世闻名的遗迹。底比斯古城是古埃及高度文明的历史见证。

lú kè suǒ shén miào suī rán lüè xiǎo yú kǎ nà kè shén miào
卢克索神庙虽然略小于卡纳克神庙，

dàn yě fēi cháng hóng dà　ní luó hé xī àn qún shān zhōng yǒu zhe
但也非常宏大。尼罗河西岸群山中有着

āi jí zhù míng de guó wáng gǔ　guó wáng gǔ zhōng de fǎ
埃及著名的"国王谷"，"国王谷"中的法

lǎo mù mù dào qū zhé qǐ fú qiáng
老墓墓道曲折起伏，墙

bì hé tiān huā bǎn shang huì yǒu cǎi sè
壁和天花板上绘有彩色

bì huà bìng pèi yǒu wén zì
壁画并配有文字。

拉利贝拉石凿

教堂

lā lì bèi lā yǒu　　zuò zhōng shì jì shí qī jiàn zào de jiào
拉利贝拉有11座中世纪时期建造的教

táng　tā men zài yì tiáo jī hū gān hé le de xī liú liǎng biān fēn
堂，它们在一条几乎干涸了的溪流两边分

wéi liǎng gè wán quán bù tóng de qún tǐ　　jī hū méi
为两个完全不同的群体，几乎没

yǒu gāo chū dì píng miàn de　qí zhōng　zuò
有高出地平面的。其中4座

shì yòng zhěng kuài shí tou záo
是用整块石头凿

chéng de
成的。

dú shí jiào táng sǒng
独石教堂耸

lì zài　mǐ　　　mǐ shēn
立在7米～12米深

de jǐng zhuàng tōng dào de
的井状通道的

zhōng yāng　　qí diāo kè cóng
中央，其雕刻从

dǐng bù kāi shǐ　yì zhí màn
顶部开始，一直蔓

yán dào dǐ bù　wèi le pái
延到底部。为了排

diào xià jì de yǔ shuǐ rén
掉夏季的雨水，人

拉利贝拉的11座石凿教堂位于埃塞俄比亚中心地带的山区。它们是12世纪和13世纪基督教文明在埃塞俄比亚繁荣发展的典型代表。

men chuàng zào chū chéng huǎn
们 创 造 出 呈 缓

màn qīng xié zhuàng kōng jiān
慢 倾 斜 状 空 间

píng miàn   jiàn zhù wù de wū
平 面。建 筑 物 的 屋

dǐng yán gōu fēi yán guò
顶、檐 沟、飞 檐、过

liáng hé chuāng tái de tū chū
梁 和 窗 台 的 突 出

chéng dù dōu yóu yǔ shuǐ de
程 度 都 由 雨 水 的

lái xiàng ér dìng
来 向 而 定。

这些教堂在一个由环形住宅围绕成的传统村落附近。

肯尼亚山国家公园
自然森林

kěn ní yà shān shì jiàn xiē xìng huǒ shān pēn fā xíng chéng de
肯尼亚山是间歇性火山喷发形成的。

zhěng gè shān mài bèi xiàng wài shēn zhǎn chū qù de gōu gǔ shēn shēn
整个山脉被向外伸展出去的沟谷深深

qiē kāi gōu gǔ duō shì yīn bīng chuān qīn shí zào chéng de kěn ní
切开。沟谷多是因冰川侵蚀造成的。肯尼

yà shān zhí bèi zhǒng lèi shì suí hǎi bá hé jiàng yǔ liàng de bù tóng
亚山植被种类是随海拔和降雨量的不同

ér biàn huà de kěn ní yà shān de huā huì fēng fù cǎo
而变化的。肯尼亚山的花卉丰富，草

肯尼亚山

肯尼亚山海拔5 199
米，是非洲的第二高峰。它
是一座古代的死火山，陡峭的
冰川和森林覆盖的斜坡让肯
尼亚山成了东非最引人注目
的地方。

智慧讲堂

丛里生长着斗篷草、老鹳草。生活在较低的森林和竹林区的哺乳动物有大林猪、非洲象、黑犀牛、岛羚。沼泽地的哺乳动物有肯尼亚山特有的岩狸、麂羚。

非洲高山地区

乞力马扎罗 国家公园

乞力马扎罗山是一座仍在活动的休眠火山，基博峰顶有一个直径2 400米、深200米的火山口，火山口里的四壁是晶莹剔透的冰层，火山底部矗立着高大的冰柱，冰雪覆盖的火山口，仿佛是一个巨大的玉盆。

远远望去，乞力马扎罗山是一座傲然独立的高山，在无垠的东非大草原上直

知识加油站

现在乞力马扎罗山的冰川比20世纪时小了很多,这是不可否认的事实,而且有人预言假设这种情况继续下去的话,乞力马扎罗山的雪到2200年前后将会完全消失。

chā yún xiāo fǎng fú yí wèi háo mài
插云霄,仿佛一位豪迈
yīng wǔ de yǒng shì hù wèi zhe fēi zhōu
英武的勇士护卫着非洲
zhè kuài féi wò měi lì de dà lù
这块肥沃美丽的大陆。

得拉肯斯公园

得拉肯斯公园中有98种植物是全世界独一无二的。此外,得拉肯斯公园中还有48种哺乳动物、299种鸟类、48种爬行动物,以及26种两栖动物和8种鱼类。

dé lā kěn sī gōng yuán zhōng de yán shí yì shù shì sǎ hā

得拉肯斯公园 中 的岩石艺术是撒哈

lā yǐ nán fēi zhōu zuì dà　zuì jí zhōng de yán huà qún　yán huà fǎn

拉以南非洲最大、最集 中 的岩画群，岩画反

yìng chū dāng shí shè huì de shēng huó zhuàng tài hé zì rán jiè de

映出当时社会的 生 活 状 态和自然界的

yuán shǐ fēng mào　shēng huó zài dé lā kěn sī gōng yuán de yuán zhù

原始风貌。生 活在得拉肯斯公园的原住

mín hěn shǎo　zǒng jì bù

民很少，总计不

chāo guò　rén tā men

超过1 000人,他们

yì zhí yán xù zhe gǔ lǎo de

一直延续着古老的

shēng cún fāng shì

生 存方式。

头脑风暴

　　得拉肯斯公园自然景色优美怡人，撒恩族人4 000年来在岩洞里和岩层上留下了众多宝贵的岩画财富。他们形象地描绘了各种动物以及人类的生活，展现了撒恩族人的精神世界。

孟菲斯及其金字塔 墓地

埃及法老是金字塔的主人。法老这个称谓的本意就是"住在大房子中的人"。金字塔是法老们死后的住所,法老们之所以关心死后的处所,是因为根深蒂固的"来世观念"——他们把死后看作生前生活的延续。

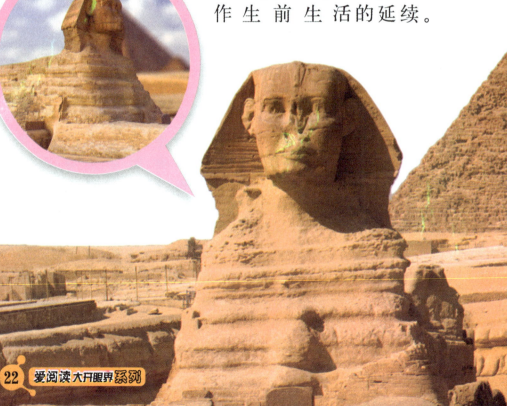

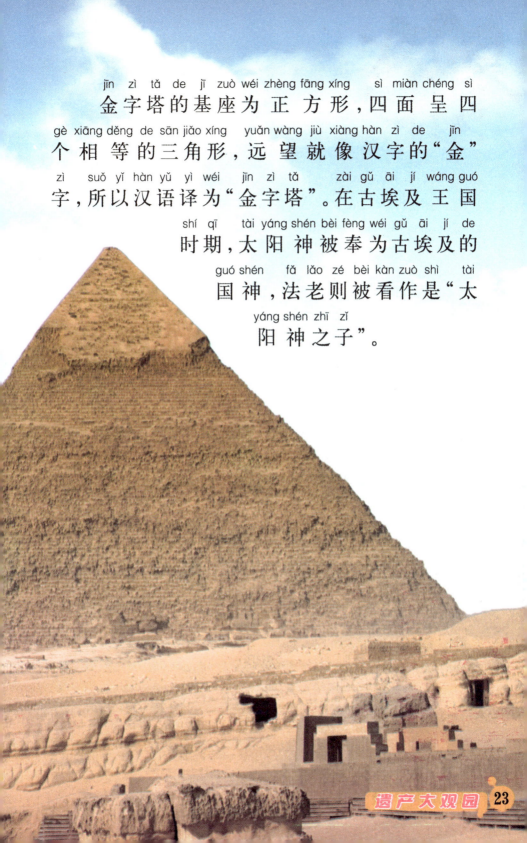

金字塔的基座为正方形，四面呈四个相等的三角形，远望就像汉字的"金"字，所以汉语译为"金字塔"。在古埃及王国时期，太阳神被奉为古埃及的国神，法老则被看作是"太阳神之子"。

虽然经历千年的时光,古埃及的金字塔和狮身人面像依然耸立在埃及吉萨市南郊的利比亚沙漠之中,这一切使人产生了无限的遐想。

知识加油站

　　孟菲斯位于埃及尼罗河三角洲的南端,在开罗市西南23千米的米特·拉辛纳村。从公元前3100年前起,这里就是古埃及王国的首都,据传该城为法老米那所建,起初名为"白城",后改名为孟菲斯。

爱阅读 大开眼界 系列

美洲

第二章

魁北克 历史遗迹区

魁北克城分旧城和新城两部分：旧城都由城墙包围着，新城则在城墙以外。市区分为上城区、下城区和新城区。上城区处在高坡之上，周围环绕着平均高达35米的古老城墙，是北美唯一拥有城墙的城市。下城区是商业区，处在上城区东北方。这里的皇家广场有着

魁北克历史遗迹区

jiā ná dà de fǎ guó wén
"加拿大的法国文
míng de yáo lán zhī chēng
明的摇篮"之称，
cóng shì jì nián dài kāi
从20世纪60年代开
shǐ zhè lǐ bèi kuí běi kè
始，这里被魁北克
zhèng fǔ pì wéi lì shǐ wén wù
政府辟为历史文物
bǎo hù qū
保护区。

魁北克城的北部建立在悬崖上，那里还存留着古老的宗教和行政中心。

遗产大观园 27

加拿大
落基山公园群

落基山区以前经历过强烈的冰川作用，冰川侵蚀而形成的地貌，如角峰、冰斗、"U"形谷等分布广泛。落基山地形类型很多，像冰川、瀑布、峡谷、温泉等都有分布。在高度稍低的山坡上，布满了茂密的针叶林，还有松、杉、柏傲然地耸立着。山间谷地宽广，溪流清澈，山环水绕，景色非常优美。在 22 990 平方米的保护区里，班夫、贾斯珀、约虎和库特奈四个国家公园占据了绝大部分。

班夫国家公园

班夫国家公园的建立有一段插曲。加拿大在19世纪80年代时修建横贯大陆的铁路时发现了大量的温泉，于是那里成为了当时加拿大第一个保护区公园。

智慧讲堂

▲ 落基山公园是著名的避暑胜地

▼ 落基山公园群

野牛国家公园

yě niú guó jiā gōng yuán
野牛国家公园

zhàn dì miàn jī yǒu
占地面积有44 807

píng fāng qiān mǐ   yǒu běi bù
平方千米，有北部

liáo kuò de sēn lín jí dà cǎo
辽阔的森林及大草

yuán   hái yǒu yì xiē běi měi
原，还有一些北美

zhōu xìng cún de wèi shòu pò huài
洲幸存的未受破坏

de jù dà cǎo chǎng hé suō cǎo
的巨大草场和莎草

mù chǎng   gāi gōng yuán jiàn yú
牧场。该公园建于

nián tā yí dù chéng
1922年，它一度成

wéi   shì jì mò nà xiē chéng
为19世纪末那些成

gōng duǒ bì le dà tú shā de
功躲避了大屠杀的

xìng cún yě niú de jiā yuán
幸存野牛的家园。

gōng yuán nèi de cǎo yuán yě
公园内的草原野

niú yǐ qián shēng huó zài běi bù biān jìng yí dài céng jīng yǒu
牛以前生活在北部边境一带，曾经有

dà yuē jǐ qiān tóu yě niú bèi zhuāng chuán cóng běi bù wéi
大约几千头野牛被装船从北部韦

ēn lài tè ā ěr bó xiàng nán jīng pí sī hé yùn dào gōng
恩赖特、阿尔伯向南经皮斯河运到公

yuán zhōng jiā rù le yuán nèi yǐ yǒu de yě niú qún
园中，加入了园内已有的野牛群。

独立会堂

独立会堂由当时绰号为"精明的律师"的安迪·哈密尔顿审查设计并监造完成。这是一座顶部带有尖顶造型优美的砖式建筑。独立会堂的重要意义不在于它的建筑设计,而在于它是形成美国民主政治制度重要文件的起草和讨论场所。

头脑风暴

独立会堂对于美国的形成与发展有着重要的历史意义。除了罗行岛殖民地没有派出代表参加,其余12个殖民地的代表们都参加了商讨。

奥林匹克
国家公园

fāng yuán　　　　　píng fāng qiān mǐ de ào lín pǐ kè guó jiā gōng
方圆350平方千米的奥林匹克国家公

yuán chú le bīng xuě fēng dǐng de ào lín bō sī shān　shān qū cǎo dì
园除了冰雪封顶的奥林波斯山、山区草地

hé yán shí lín lì de hǎi àn
和岩石林立的海岸

xiàn yǐ wài　hái bāo kuò shì
线以外，还包括世

jiè shang shǎo shù jǐ gè wēn
界上少数几个温

dài yǔ lín dì dài　wēn hé
带雨林地带。温和、

cháo shī de kōng qì suí zhe
潮湿的空气随着

shān pō de tái shēng jiàng
山坡的抬升降
wēn chǎn shēng le dà
温，产生了大
liàng jiàng yǔ mào mì
量降雨，茂密
de wēn dài yǔ lín zài zhè
的温带雨林在这
lǐ kuài sù shēng zhǎng
里快速生长；

位于奥林匹克国家公园西南部三条河谷里的雨林，风景秀丽，让人心旷神怡。这里土地肥沃、雨量充沛，适合树木生长，冷杉、云杉、铁杉、雪松和地衣以及菌藻。

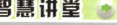

liáng shuǎng shī rùn de qì hòu ràng zhè lǐ biàn de
凉爽、湿润的气候让这里变得
fán shèng cōng lǜ qǐ fú de shān dǐng shang fù gài
繁盛葱绿；起伏的山顶上覆盖
zhe bīng chuān ào lín pǐ kè guó jiā gōng yuán nèi
着冰川。奥林匹克国家公园内
yǒu qiān mǐ de hǎi àn xiàn hǎi àn shang shì yí
有60千米的海岸线，海岸上是一
piàn jǐng sè zhuàng lì de yǔ lín fēng guāng
片景色壮丽的雨林风光。

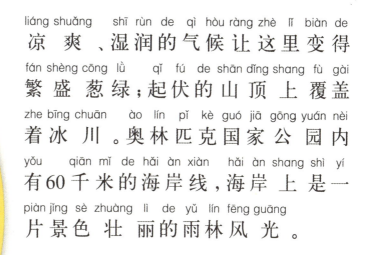

这里的植物混杂地生长在一起，形成一幅典型的雨林植物图谱。

自由女神像

zì yóu nǔ shén xiàng jī zuò gāo
自由女神像基座高47

mǐ shén xiàng běn shēn gāo mǐ suǒ yǐ
米，神像本身高46米，所以

huǒ jù de jiān duān gāo chū dì miàn mǐ
火炬的尖端高出地面93米。

zì yóu nǔ shén xiàng zhòng dá
自由女神像重达229

dūn yāo kuān mǐ zuǐ
吨，腰宽10.6米，嘴

kuān mǐ qíng zhe huǒ jù
宽0.91米，擎着火炬

de yòu bì cháng mǐ jǐn jǐn yí gè shí zhǐ jiù yǒu mǐ
的右臂长12.8米，仅仅一个食指就有2.4米

cháng zì yóu nǔ shén xiàng de jiǎo shang shì xiàng zhēng zhe tuī fān
长。自由女神像的脚上是象征着推翻

bào zhèng de duàn kāi de tiě liào zuǒ shǒu wò zhe yì běn měi guó dú
暴政的断开的铁镣，左手握着一本美国《独

lì xuān yán tā tóu guān shang xiàng zhēng zì yóu de qī dào shè
立宣言》，她头冠上象征自由的七道射

xiàn dài biǎo zhe qī dà zhōu
线，代表着七大洲。

zì yóu nǔ shén xiàng tǐ nèi hái
自由女神像体内还

yǒu luó xuán xíng jiē tī néng gòu
有螺旋形阶梯能够

ràng lǚ yóu zhě dēng shàng shén
让旅游者登上神

xiàng tóu bù
像头部。

自由女神像

1865年有一位名叫埃杜阿德·迪·拉布莱的学者及他的朋友们策划制造一个女神像来表达对大西洋彼岸的伟大共和国的称赞，也用来激起两国人民相互间的同情心。

智慧讲堂

黄石国家公园

huáng shí gōng yuán shì bǎo cún zài měi guó　gè zhōu zhōng
黄石公园是保存在美国48个州中
hǎn jiàn de dà miàn jī zì rán huán jìng zhī yī　zài zhè lǐ　nǐ néng
罕见的大面积自然环境之一。在这里，你能
gòu zhēn shí gǎn shòu dào dà zì rán de mèi lì　měi nián de　yuè shì
够真实感受到大自然的魅力。每年的6~8月是

lǚ yóu de gāo fēng qī　gōng yuán wèi
旅游的高峰期，公园为
le bǎo hù yóu rén de ān quán　tóng
了保护游人的安全，同
shí yě wèi le bǎo hù zhè lǐ de zì
时也为了保护这里的自
rán wén huà yí chǎn　chū tái le xǔ
然文化遗产，出台了许

知识加油站

　　黄石国家公园受到威胁的原因还有污水的
渗漏及废弃物的污染；非法引进的外地湖泊蛙鱼
和本地黄石蛙鱼的生存竞争；道路修建与年复一
年游客们的到来给公园带来的压力。

多规章制度。公园的主体部分位于怀俄明州的西北角，有一小部分延伸到蒙大拿州西南部和爱德华州的东南部。由于

黄石河流域矿藏开采的影响，公园的遗址受到隐性的威胁。

梅萨维德遗址

梅萨维德遗址建于6世纪~12世纪，位于美国科罗拉多州西南部的沙漠和多峡谷的岩石地带，这里是阿纳萨齐印第安人的居住地。梅萨维德遗址有三千八百多处遗迹，包括平原村庄和悬崖房屋等。

其中遗址内最大、最为壮观的建筑物要属悬崖宫殿了。悬崖宫殿顶端有个约

知识加油站

为抵御其他部落的侵袭，1000～1300年，阿纳萨齐印第安人迁到了峡谷两侧的悬崖峭壁间，修建了峭壁石屋，因此素有"峭壁居民"之称。

sì bǎi rén jū zhù de cūn zhuāng bìng yǒu èr bǎi duō gè kě
四百人居住的村庄，并有二百多个可
gōng jū zhù de fáng jiān chǔ cáng shì hé yòng yú jǔ xíng yí
供居住的房间、储藏室和用于举行仪
shì de huì táng zhè xiē fáng jiān dōu yǒu bì huà hé jǐ hé
式的会堂，这些房间都有壁画和几何
tú xíng de zhuāng shì
图形的装饰。

约塞米蒂
国家公园

▲ 约塞米蒂谷优美的风光

▼ 谷地中的溪流

约塞米蒂谷位于加利福尼亚州的内华达山脉中部,有许多壮观秀丽的自然美景。美丽的山地风光、高大的美洲杉的树冠所构成的特殊的山谷景致,使约塞米蒂谷成为一处罕见的自然景点。

约塞米蒂谷可以说是由冰川筑就的,在冰川季晚期,巨大的冰床被凛冽的风侵蚀成光秃秃的山峰、陡峭的山崖和巨大的独石。平平的山谷被冰雪融水汇成的巨大湖泊占据着。

头脑风暴

现在,山谷中满是缀满鲜花的草地,周围是激流的瀑布。地理的演化依旧夜以继日地进行着,湖泊因泥土的淤塞而上升。生物的自然进化、适者生存的道理从高大的美洲杉身上就能看出来。

红杉树国家公园

红杉树是生长在恐龙时代的巨大的常青树的后代,喜欢潮湿的生存环境,它们400年才能成材,一些树已经存活了两千多年。厚厚的树皮使它们很少遭遇火灾,但山崩和强风可能会摧毁那些老树,印第安人将倒下的树木做成独木舟或建成房屋。红杉树是自然界缓慢进化的神奇见证,红杉树国家公园的成立是美国国家公园管理局和加州公园管理委员会共同努力的结果。

红杉树国家公园

红杉树国家公园保护的对象,不仅仅是那些古老的海边红杉树森林,还有草原、橡树林以及海边和海洋生态系统等等。

智慧讲堂

大峡谷
国家公园

6 500 万年前，在地球漂移的过程中，有一块巨大的陆地被抬升到高于海平面 1.5 千米的地方，就形成了现在的科罗拉多高原。在距现在 600 万~1000 万年时，科罗拉多河不断侵蚀掉层层岩石，与风、雨、雪、冷、热等因素的腐蚀作用相结合，形成了一条深 1.61 千米、宽约 29 千米的天

大峡谷国家公园

大峡谷整体呈东西走向，东起科罗拉多河汇入处，西到内华达州界附近的格兰德瓦什崖旁边，形状很不规则，曲折蜿蜒，迂回盘旋。峡谷顶宽为 6 千米~30 千米，向下收缩成"V"字形。

智慧讲堂

大峡谷中的奇妙地貌

大峡谷中的乌鸦

qiàn dà xiá gǔ dì céng gè yì
堑。大峡谷地层各异，

zhǎn xiàn le dì qiú yì nián lái
展现了地球2亿年来

de biàn gēng lì shǐ dì céng li
的变更历史。地层里

de huà shí néng gòu shàng sù dào
的化石，能够上溯到

wàn nián qián
50 000万年前。

夏威夷火山
国家公园

夏威夷公园因其设施优良，每年都能吸引多达200万游客来此参观旅游。沥青铺就的公路网使游客可以沿着基拉韦厄山的边缘游览，或是一直走到海边，沿途的风光会让人有移步换景的感觉。当夕阳西下，你会看到喷吐着烟雾的银灰色火山口和一堆堆橙色的硫黄，远处蕴含着矿物质的沙漠以及茂密的森林，近处高耸的蕨类植物同深色的树叶交织在一起。而那高耸的圆形山顶上有时也会呈现一片皑皑白雪。

夏威夷地处大洋一隅，与世隔绝，因而岛上盛产大批特有的植物，记录在案的约一千种植物中，95%是其他地方没有的，但是它们易受到野猪和其他食草动物的侵害。

墨西哥

mò xī gē chéng de lì shǐ zhōng xīn shì lín jìn mǎ yuē ěr
墨西哥城的历史中心是邻近马约尔

shén miào de sì biān xíng de zuǒ kǎ luó guǎng chǎng shì zài tè nuò
神庙的四边形的佐卡罗广场,是在特诺

jī dì tè lán chéng de chéng shì guǎng chǎng jī chǔ shang xiū jiàn
奇蒂特兰城的城市广场基础上修建

de mò xī gē chéng àn zhào zhí xiàn zuò biāo tú guī huà chéng qū
的。墨西哥城按照直线坐标图规划城区,

zài zǎo qī de dī bà shang gōu huà chū yào dào de wài xíng xī bān
在早期的堤坝上勾画出要道的外形。西班

墨西哥城是墨西哥合众国的首都,位于墨西哥中南部高原的山谷中,海拔 2 259 米。墨西哥城面积达 1 500 平方千米,人口达 1 800 多万,是世界人口密度第二大的城市,仅次于日本东京。

yá rén de xīn chéng shì méi yǒu chéng qiáng　ér shì yòng shuǐ dào huán
牙人的新城市没有城墙,而是用水道环

rào chéng shì zuò wéi fáng yù　mò xī gē chéng zhōng xīn de zhí mín
绕城市作为防御。墨西哥城中心的殖民

dì jiàn zhù chéng xiàn chū lián guàn
地建筑呈现出连贯

de zhěng tǐ xìng　bìng qiě cǎi
的整体性,并且采

yòng yì zhǒng huǒ shān yuán liào
用一种火山原料

lái jiā qiáng qí jié gòu
来加强其结构。

冰川国家公园

ā gēn tíng bīng chuān guó jiā gōng yuán li de bīng chuān jǐng
阿根廷冰川国家公园里的冰川景
guān fēi cháng mí rén   cháng cháng shǐ rén liú lián wàng fǎn   gōng
观非常迷人，常常使人留连忘返。公
yuán nèi de bīng chuān   jiù xiàng nǐ xiǎng xiàng de nà yàng   gāo
园内的冰川，就像你想象的那样：高
qiáng bān de jù bīng   yóu rú zài shān gǔ zhōng yán zhǎn   sì zhōu
墙般的巨冰，犹如在山谷中延展，四周
wù ǎi shēng téng   guī lì xióng qí
雾霭升腾，瑰丽雄奇。

▲ 冰川国家公园中的景观

▼ 造型奇特的冰川

gōng yuán zhōng de bīng
公园中的冰
chuān dà yuē cháng　qiān mǐ
川大约长4千米、
gāo　mǐ　yīn cǐ　gōng yuán guǎn lǐ chù xiū zhù le liǎng tiáo bù
高16米。因此，公园管理处修筑了两条不
tóng de guān shǎng lù jìng gōng yóu rén zì xíng xuǎn zé
同的观赏路径供游人自行选择。

<ruby>其<rt>qí</rt></ruby><ruby>中<rt>zhōng</rt></ruby><ruby>一<rt>yì</rt></ruby><ruby>条<rt>tiáo</rt></ruby><ruby>路<rt>lù</rt></ruby><ruby>径<rt>jìng</rt></ruby><ruby>是<rt>shì</rt></ruby><ruby>通<rt>tōng</rt></ruby><ruby>过<rt>guò</rt></ruby>
<ruby>巨<rt>jù</rt></ruby><ruby>大<rt>dà</rt></ruby><ruby>的<rt>de</rt></ruby><ruby>吊<rt>diào</rt></ruby><ruby>车<rt>chē</rt></ruby><ruby>把<rt>bǎ</rt></ruby><ruby>游<rt>yóu</rt></ruby><ruby>客<rt>kè</rt></ruby><ruby>载<rt>zǎi</rt></ruby><ruby>到<rt>dào</rt></ruby><ruby>高<rt>gāo</rt></ruby>
<ruby>达<rt>dá</rt></ruby>300<ruby>米<rt>mǐ</rt></ruby><ruby>的<rt>de</rt></ruby><ruby>高<rt>gāo</rt></ruby><ruby>处<rt>chù</rt></ruby>。<ruby>这<rt>zhè</rt></ruby><ruby>时<rt>shí</rt></ruby><ruby>候<rt>hou</rt></ruby>，<ruby>巨<rt>jù</rt></ruby>
<ruby>大<rt>dà</rt></ruby><ruby>的<rt>de</rt></ruby><ruby>冰<rt>bīng</rt></ruby><ruby>川<rt>chuān</rt></ruby><ruby>好<rt>hǎo</rt></ruby><ruby>像<rt>xiàng</rt></ruby><ruby>逼<rt>bī</rt></ruby><ruby>近<rt>jìn</rt></ruby><ruby>眼<rt>yán</rt></ruby>
<ruby>底<rt>dǐ</rt></ruby>，<ruby>令<rt>lìng</rt></ruby><ruby>人<rt>rén</rt></ruby><ruby>难<rt>nán</rt></ruby><ruby>以<rt>yǐ</rt></ruby><ruby>置<rt>zhì</rt></ruby><ruby>信<rt>xìn</rt></ruby>。

知识加油站

　　冰川国家公园是一个风景奇丽的自然风景区。有险峻矗立着的山脉和大量冰湖，当中就有161千米长的阿根廷湖。在湖的远端三条冰河汇合处，乳灰色的冰水倾泻而下。

爱阅读 大开眼界 系列

亚洲

第三章

日本
古京都遗址

京都是世界闻名的文化古都，市内历史古迹众多，建筑古典精致，庭园清新俊秀。其历史遗产在近年来由于火灾不断，有许多遗迹已经被烧毁了。放眼郊外的山麓

xiǎo qiū hé zhōu wéi de xiǎo shān jiù huì kàn dào dài biǎo gè gè shí dài
小丘和周围的小山就会看到代表各个时代
de jiàn zhù hé huā yuán jìng mù zhōng bù shī huó pō
的建筑和花园,静穆中不失活泼。

píng ān shén gōng de diàn táng fǎng zhào píng
平安神宫的殿堂仿照平
ān cháo de huáng gōng zhèng tīng cháo táng yuàn luò
安朝的皇宫正厅朝堂院落
xiū jiàn wéi míng zhì shí qī tíng yuán jiàn zhù de
修建,为明治时期庭园建筑的
dài biǎo zuò qí dà diàn wéi liú lí wǎ jiàn zhù
代表作。其大殿为琉璃瓦建筑,
yuǎn tiào wū yǔ jīn bì huī huáng jí jù zhōng
远眺屋宇,金碧辉煌,极具中
guó jiàn zhù fēng gé
国建筑风格。

▲ 古京都中的精美建筑

知识加油站

古京都的最初设计是仿效中国隋唐时代的
都城长安和洛阳,整个建筑群呈矩形排列,以贯
通南北的朱雀路为中心线,将整个城市分为东
西二京。

姬路城

姬路城位于日本兵库县姬路市，和熊本城、松本城合称日本三大名城。姬路城是个高大的、木石混筑的多层建筑，其外墙为白色，并带有一系列精雕细琢的屋檐，犹如展翅欲飞的白鹭，故称"白鹭城"。

知识加油站

姬路城的中心为"天守阁"，周围是由迷宫般的小道组成的城墙，这些城墙和城门的布置方式会迫使攻击者不得不在城下绕来绕去，还带着陷入死胡同的危险。这样防守者就可以很轻松地集中火力消灭侵入者的先锋部队。

<ruby>姬<rt>jī</rt></ruby> <ruby>路<rt>lù</rt></ruby> <ruby>城<rt>chéng</rt></ruby> <ruby>作<rt>zuò</rt></ruby> <ruby>为<rt>wéi</rt></ruby> <ruby>日<rt>rì</rt></ruby> <ruby>本<rt>běn</rt></ruby> <ruby>著<rt>zhù</rt></ruby> <ruby>名<rt>míng</rt></ruby> <ruby>的<rt>de</rt></ruby> <ruby>建<rt>jiàn</rt></ruby> <ruby>筑<rt>zhù</rt></ruby> ，<ruby>凝<rt>níng</rt></ruby> <ruby>结<rt>jié</rt></ruby> <ruby>了<rt>le</rt></ruby>

<ruby>日<rt>rì</rt></ruby> <ruby>本<rt>běn</rt></ruby> <ruby>人<rt>rén</rt></ruby> <ruby>对<rt>duì</rt></ruby> <ruby>古<rt>gǔ</rt></ruby> <ruby>代<rt>dài</rt></ruby> <ruby>建<rt>jiàn</rt></ruby> <ruby>筑<rt>zhù</rt></ruby> <ruby>的<rt>de</rt></ruby> <ruby>热<rt>rè</rt></ruby> <ruby>爱<rt>ài</rt></ruby> ，<ruby>如<rt>rú</rt></ruby> <ruby>果<rt>guǒ</rt></ruby> <ruby>想<rt>xiǎng</rt></ruby> <ruby>研<rt>yán</rt></ruby> <ruby>究<rt>jiū</rt></ruby> <ruby>日<rt>rì</rt></ruby> <ruby>本<rt>běn</rt></ruby>

<ruby>古<rt>gǔ</rt></ruby> <ruby>建<rt>jiàn</rt></ruby> <ruby>筑<rt>zhù</rt></ruby> ，<ruby>那<rt>nà</rt></ruby> <ruby>么<rt>me</rt></ruby> <ruby>姬<rt>jī</rt></ruby> <ruby>路<rt>lù</rt></ruby> <ruby>城<rt>chéng</rt></ruby>

<ruby>则<rt>zé</rt></ruby> <ruby>是<rt>shì</rt></ruby> <ruby>必<rt>bì</rt></ruby> <ruby>去<rt>qù</rt></ruby> <ruby>之<rt>zhī</rt></ruby> <ruby>地<rt>dì</rt></ruby> 。

屋久岛

屋久岛位于北纬30度，统治权隶属于日本九州的一个岛屿，岛的形状很完整，属于圆菱形。屋久岛是一个多山之岛，山地占整岛约75%的面积，平均高度超过1 000米，以日本下雨最多的地方而闻名。

屋久岛

屋久岛上森林密布，高山地带受到保护没有开发，因此屋久岛上的野生动物相当多，有屋久鹿和屋久猿等。

智慧讲堂

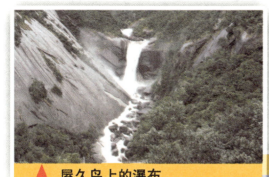

▲ 屋久岛上的瀑布

▼ 屋久岛上的日落

古屋久杉树是屋久岛最为典型的自然景观，其树龄均超过1 000年，一些树木的直径甚至达到5米。可以说，屋久岛包括了世界上最宝贵的自然林地，同时它还是濒危鸟类的家园。

云南丽江古城

lì jiāng gǔ chéng wèi yú zhōng guó yún nán shěng lì jiāng shì
丽江古城位于中国云南省丽江市，

yòu míng dà yán zhèn zuò luò yú yù lóng xuě shān xià chǔ yú
又名"大研镇"，坐落于玉龙雪山下，处于

lì jiāng bà zhōng bù lì jiāng gǔ chéng jiàn yú sòng mò yuán chū
丽江坝中部。丽江古城建于宋末元初，

地处云贵高原，海拔2 400多米，全城面积达3.8平方千米，自古就是远近闻名的集市和重镇。

古城现有居民25 000余人。其中，纳西族占总人口70%以上，并有30%的居民仍在从事以铜银器制作、皮毛皮革、纺织、酿造业为主的传统手工业和商业活动。

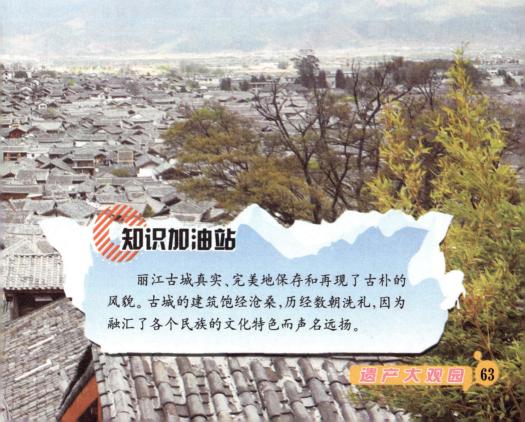

知识加油站

丽江古城真实、完美地保存和再现了古朴的风貌。古城的建筑饱经沧桑，历经数朝洗礼，因为融汇了各个民族的文化特色而声名远扬。

lì jiāng gǔ chéng jiē dào yǐ hóng sè
丽江古城街道以红色

jiǎo lì yán pū jiù　　yī shān shì ér jiàn
角砾岩铺就，依山势而建，

shùn shuǐ liú ér shè　lì jiāng gǔ jiē de dài biǎo shì sì fāng
顺水流而设。丽江古街的代表是四方

jiē　wèi yú gǔ chéng de hé xīn wèi zhì　bù jǐn shì lì jiāng gǔ
街，位于古城的核心位置，不仅是丽江古

chéng de zhōng xīn　　yě shì diān xī běi dì qū de jí
城的中心，也是滇西北地区的集

mào hé shāng yè zhōng xīn
贸和商业中心。

避暑山庄

承德避暑山庄，又名承德离宫或热河行宫，位于河北省承德市市区北部，历经清代康熙、雍正、乾隆三朝。它与全国重点文物保护单位颐和园、拙政园、留园并称为中国四大名园。

bì shǔ shān zhuāng shì zhōng guó xiàn cún
避暑山庄是中国现存
zuì dà de gǔ diǎn huáng jiā yuán lín　zhàn dì
最大的古典皇家园林，占地
wàn píng fāng mǐ　xiāng dāng yú liǎng gè　yí hé yuán　gè běi
564万平方米，相当于两个颐和园、8个北
hǎi gōng yuán nà me dà　yǔ běi jīng zǐ jìn chéng xiāng bǐ　bì shǔ
海公园那么大，与北京紫禁城相比，避暑
shān zhuāng jì yǒu shān cūn yě qù zhī pǔ sù dàn yǎ　yòu yǒu shān
山庄既有山村野趣之朴素淡雅，又有山

河北承德
避暑山庄

shuǐ zhī　zì　rán　běn
水之自然本
sè　xī shōu jiāng nán
色，吸收江南
sài běi zhī fēng guāng
塞北之风光，

承德避暑山庄地处
内蒙古高原与华北平原的
过渡带，四季分明。因其四周环
山，阻滞了来自内蒙古高原寒
流的袭击，所以温度高于其他
同纬度地区，而夏季雨量集中，
较为凉爽，基本上无炎热期。

智慧讲堂

chéng wéi zhōng guó xiàn cún
成为中国现存
zhàn dì zuì dà de gǔ dài
占地最大的古代
dì wáng gōng yuàn　bì
帝王宫苑。避
shǔ shān zhuāng jiàn chéng
暑山庄建成

避暑山庄中的假山和池塘

hòu　qīng dài huáng dì měi nián dōu yǒu dà liàng shí jiān zài cǐ chǔ lǐ
后,清代皇帝每年都有大量时间在此处理
jūn zhèng yào shì　jiē jiàn wài guó shǐ jié hé biān jiāng shǎo shù mín zú
军政要事,接见外国使节和边疆少数民族
zhèng jiào shǒu lǐng
政教首领。

云冈石窟

云冈石窟位于山西省大同市西北约15千米处的武周山南麓,云冈石窟现存洞窟53个,石雕造像达5.1万多身,与敦煌莫高窟、洛阳龙门石窟和天水麦积山石窟

知识加油站

敦煌莫高窟、洛阳龙门石窟中北魏时期的造像均在不同程度上受到云冈石窟艺术风格的影响。

bìng chēng wéi zhōng guó sì dà shí kū yì shù bǎo kù
并称为中国四大石窟艺术宝库。

yún gāng shí kū zhōng yì píng fāng qiān mǐ de zhàn dì miàn
云冈石窟中，一平方千米的占地面

jǐ shang zuò luò zhe bù tóng shí qī diāo záo de shí kū zhè xiē
积上，坐落着不同时期雕凿的石窟。这些

diāo xiàng zhōng bāo kuò fǎ xiàng zhuāng yán de fó xiàng pú sà zī
雕像中包括法相庄严的佛像、菩萨，姿

tài shēng dòng de lì shì hé fēi tiān yǐ jí fó guó de gè zhǒng jí
态生动的力士和飞天，以及佛国的各种吉

xiáng dòng wù hé zhí wù
祥动物和植物。

yún gāng shí kū xíng xiàng de jì lù le
云冈石窟形象地记录了
yìn dù jí zhōng yà fó jiào yì shù xiàng zhōng guó
印度及中亚佛教艺术向中国
fó jiào yì shù fā zhǎn de lì shǐ guǐ
佛教艺术发展的历史轨
jì yě shì shí kū yì shù zhōng guó
迹,也是石窟艺术"中国
huà de kāi shǐ
化"的开始。

秦始皇陵
兵马俑

qín shǐ huáng líng mù xíng sì fāng xíng dǐng bù píng tǎn
秦始皇陵墓形似方形,顶部平坦,

zhōng jiān bù fen lüè chéng jiē tī xíng gāo mǐ dōng xī cháng
中间部分略呈阶梯形,高76米,东西长

mǐ nán běi cháng mǐ zhàn dì píng fāng mǐ
345米,南北长350米,占地120 750平方米。

gēn jù chū bù kǎo chá líng yuán fēn nèi chéng hé wài chéng liǎng bù
根据初步考察,陵园分内城和外城两部

fen nèi wài chéng zhī jiān yǒu zàng mǎ kēng
分。内、外城之间有葬马坑、

zhēn qín yì shòu kēng táo yǒng kēng líng wài yǒu
珍禽异兽坑、陶俑坑;陵外有

mǎ jiù kēng rén xùn kēng xíng tú kēng jí sì bǎi duō gè xiū líng rén
马厩坑、人殉坑、刑徒坑及四百多个修陵人

yuán mù zàng líng mù dì gōng zhōng xīn shì ān fàng qín shǐ huáng
员墓葬。陵墓地宫中心是安放秦始皇

guān guǒ de dì fang
棺椁的地方。

▲ 秦陵内的车驾

秦始皇兵马俑陪葬坑是世界最大的地下军事博物馆。俑坑布局合理,结构奇特,在深5米左右的坑底,每隔3米架起一道东西向的承重墙。

nián   zài líng yuán dōng   qiān
1974年,在陵园东1.5千

mǐ chù fā xiàn le qín shǐ huáng líng péi zàng
米处发现了秦始皇陵陪葬

bīng mǎ yǒng kēng sān chù   chéng   pǐn   zì xíng
兵马俑坑三处,成"品"字形

pái liè   chū tǔ táo yǒng   jiàn   zhàn
排列,出土陶俑8 000件、战

chē bǎi chéng yǐ jí shù wàn jiàn shí wù bīng
车百乘以及数万件实物兵

qì děng wén wù
器等文物。

黄 山

黄山是中国著名风景区之一，世界著名的游览胜地，位于安徽省南部黄山市，其主峰莲花峰海拔1 867米。黄山的景致素以奇松、怪石、云海、温泉而著称于世。

其二湖、三瀑、十六泉、二十四溪相映争辉，春、夏、秋、冬四季也景色各异。黄山还兼有"天然动物园"和"天下植物园"的美称，有植物近一千五百种，动物五百多种。黄山气候宜人，是得天独厚的避暑胜地。

知识加油站

黄山在古时称为黟山，相传公孙轩辕黄帝率手下大臣容成子、浮丘公来此炼丹，并最终得道升天。唐天宝六年，唐玄宗敕改黟山为黄山。

安徽古村落：
西递、宏村

古宏村人别出心裁地开了"仿生学"之先河，设计并建造了堪称奇迹的牛形村落和人工水系，村落的形状就像一只昂

爱阅读大开眼界系列

首向前的水牛，成为当今"建筑史上一大奇观"。全村现保存完好的明清古民居有一百四十余幢。

西递、宏村

▲ 宏村中的建筑

▼ 宏村中的小巷

西递是黄山市最具代表性的古民居旅游景点，它位于黄山南麓，距屯溪54千米，该村南北长300米，东西宽700米，居民有1 000多人。因村边的河水西流，而且还有古代传递邮件的驿站，所以被称为"西递"，有"桃花源里人家"的美称。

苏州古典园林

sū zhōu gǔ diǎn yuán lín shì zhǐ sū zhōu chéng nèi de sī jiā
苏州古典园林是指苏州城内的私家

yuán lín jiàn zhù qǐ yuán yú chūn qiū shí qī de wú guó jiàn dū shí
园林建筑,起源于春秋时期的吴国建都时

qī xíng chéng yú wǔ dài sòng dài shí zhú jiàn chéng shú qīng dài
期,形成于五代,宋代时逐渐成熟,清代

shí dá dào dǐng shèng qīng dài mò qī shí sū zhōu yǐ yǒu gè sè
时达到鼎盛。清代末期时,苏州已有各色

yuán lín yì bǎi qī shí duō chù xiàn bǎo cún wán zhěng de yǒu liù shí
园林一百七十多处,现保存完整的有六十

duō chù
多处。

虽然这些园林占地面积不大，但意境高远，设计者以独具匠心的艺术手法在有限的空间内点缀安排、移步换景、变化无穷。在这些园林中，以拙政园、留园、网师园和环秀山庄最为著名。

拙政园

拙政园最初是唐代诗人陆龟蒙的住宅，明代正德四年（1509年）时，御史王献臣仕途失意归隐苏州后将这里买下，并请著名画家文征明一起设计了拙政园，最终历时16年才建成。

智慧讲堂

敦煌莫高窟

敦煌莫高窟俗称"千佛洞",位于甘肃敦煌市东南25千米处,以其精美的壁画和塑像闻名于世,被誉为20世纪最有价值的文化发现。它始建于十六国的前秦时期,历经十六国,规模巨大,现有洞窟735个,

敦煌莫高石窟

敦煌莫高石窟开凿在砾岩上,多为木架结构。彩塑是敦煌艺术的主体,有佛像、菩萨像、弟子像以及天王、金刚、力士、神等。

智慧讲堂

bì huà　　wàn píng fāng mǐ　　ní zhì cǎi sù
壁画4.5万平方米、泥质彩塑2415
zūn　jìn dài fā xiàn de cáng jīng dòng　nèi yǒu　wàn
尊,近代发现的藏经洞,内有5万
duō jiàn gǔ dài wén wù　dūn huáng mò gāo kū shì shì
多件古代文物。敦煌莫高窟是世
jiè shang xiàn cún guī mó zuì dà　nèi róng zuì fēng fù
界上现存规模最大、内容最丰富
de fó jiào yì shù bǎo kù zhī yī
的佛教艺术宝库之一。

莫高窟的研究价值极高,并由此衍生专门研究藏经洞典籍和敦煌艺术的学科——敦煌学。

拉萨布达拉宫

▲ 眺望布达拉宫的景象

布达拉意为"佛的圣地",是梵语的音译,布达拉宫始建于7世纪吐蕃赞普松赞干布时期,松赞干布在这里建造宫殿迎娶文成公主,又建造了大昭寺,吸引了大批的朝圣者。

1645年,五世达赖在松赞干布所修建宫殿遗址上重建了寝宫、大殿、围墙、门楼等建筑物。

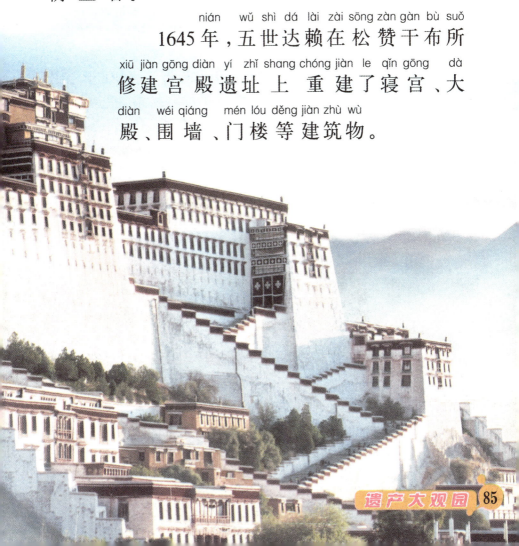

头脑风暴

布达拉宫建筑整体为石木构造，宫殿外墙厚达2米~5米，地基直接埋入岩层。墙体为花岗岩砌筑，十分坚固稳定；屋顶和窗檐为木制结构，飞檐外挑，屋顶采用歇山式和攒尖式，在风格上与汉族建筑相似。

1682年，五世达赖喇嘛圆寂。1690年，此地又修建了灵塔、佛殿、经堂结合的红宫以供养五世达赖喇嘛。此后，历代达赖喇嘛不断改修宫殿建筑，才有了现在的规模。

爱阅读 大开眼界 系列

欧洲

第四章

克里姆林宫和红场

克里姆林宫占地28万平方米，其西墙根下是占地7万平方米的红场。克里姆林宫是建于12世纪~17世纪的雄伟建筑群，它曾是历代沙皇的皇宫。红场是俄罗斯最负盛名的中心广场。

红场与克里姆林宫毗连，坐落于克里姆林宫西墙一侧。1517年，莫斯科遭遇大火，火灾后的空旷之地形成了广场，所以也被称为"火烧场"，17世纪中叶起才称为"红场"。

克里姆林宫

克里姆林宫是"城垒"或"内城"的意思，俄罗斯的一些大城市都有古老的"克里姆林"。但从1547年后，只有在莫斯科的城堡才被称为"克里姆林"。

智慧讲堂

圣彼得堡

由于河流纵横，风光秀丽，所以圣彼得堡素有"北方威尼斯"之称。圣彼得堡是俄罗斯的历史缩影、教育之都、文化中心，更被人们誉为俄罗斯的北方首都。

在美丽的圣彼得堡，每幢建筑都是一篇史诗，名胜古迹比比皆是。特别是在涅瓦大街上，一座座具有西欧风格的楼房鳞次栉比，使人仿佛置身于18世纪的古建筑博物馆里。

shèng bǐ dé bǎo shì é luó sī zuì dà de gǎng kǒu dì èr
圣 彼 得 堡 是 俄 罗 斯 最 大 的 港 口、第 二

dà chéng shì wèi yú bō luó dì hǎi fēn lán wān dōng àn niè wǎ hé
大 城 市，位 于 波 罗 的 海 芬 兰 湾 东 岸 涅 瓦 河

kǒu gāi shì yóu sān bǎi duō zuò
口。该 市 由 三 百 多 座

qiáo liáng xiāng lián tā de hé
桥 梁 相 连，它 的 河

liú dǎo yǔ yǔ qiáo liáng de shù
流、岛 屿 与 桥 梁 的 数

liàng jūn jū é luó sī zhī guàn
量 均 居 俄 罗 斯 之 冠。

布拉格
历史中心

布拉格历史中心是围绕三个重点地段发展起来的：河北岸山丘上的小城、河南岸平原上的旧城和新城。自中世纪以来，沿河两岸保留了不规则的曲折布局，狭长的瓦茨拉夫广场坐落在新城，它的历史可

知识加油站

布拉格的整个城市建筑气势恢弘，城市艺术景观包含了从罗马时代到现代的各种艺术风格，其中尤以数量众多的巴洛克式与哥特式建筑最为突出。

yǐ zhuī sù dào shì jì chēng de shàng shì bù lā gé de
以追溯到14世纪，称得上是布拉格的

jiāo diǎn xiàn zài cóng tǎ lóu de fèi xū zhōng réng rán kě
焦点。现在，从塔楼的废墟中仍然可

yǐ gǎn shòu dào tā céng jīng de huī huáng yǔ zhuàng guān
以感受到它曾经的辉煌与壮观。

维也纳古城

作为中世纪欧洲最大的三座城市之一的维也纳，至今仍保持着昔日显赫的地位。维也纳是世界名城，是奥地利的首都，但它是以"音乐之都"而闻名世界的。

多瑙河贯穿维也纳全城，内城的古

jiē dào zòng héng jiāo cuò hěn
街道，纵横交错，很
shǎo yǒu gāo céng fáng wū jiàn
少有高层房屋，建
zhù duō wéi bā luò kè shì gē
筑多为巴洛克式、哥
tè shì hé luó mǎ shì zhōng
特式和罗马式。中
shì jì de shèng sī tè fán dà
世纪的圣斯特凡大
jiào táng hé shuāng tǎ jiào táng
教堂和双塔教堂
de jiān dǐng gāo yuē duō mǐ kě wèi zhí chā yún xiāo
的尖顶，高约130多米，可谓直插云霄。

维也纳古城

圣斯特凡大教堂是维也纳市中心的哥特式教堂，也是欧洲最高的几座哥特式古建筑之一，带有东欧教堂的浓厚地方色彩。

智慧讲堂

伯尔尼古城

bà ěr ní gǔ chéng
伯 尔 尼 古 城
de gé jú yī jù dì shì ér
的格局依据地势而
fēn bù dào lù de guī huà
分布。道路的规划
yán ā lè hé hé àn fēn bù
沿阿勒河河岸分布
kāi lái qí bù jú liú cún
开来，其布局留存
le zhōng shì jì de fēng gé
了中世纪的风格。
zhěng gè dào lù quán bù yòng
整个道路全部用
qiē gē ér chéng de huī sè tiáo
切割而成的灰色条

伯尔尼是瑞士的首都,也是伯尔尼州的重要城市,始建于1191年,坐落在日内瓦和苏黎世之间,正对阿尔卑斯山脉,修建在一座被阿勒河河湾环抱的石岗上。

shí pū shè yǒu shí lù miàn chéng xiàn chū dàn lǜ sè sè diào
石铺设,有时路面 呈 现出淡绿色色调。

jiào táng de jiān tǎ hé zhōng lóu diǎn zhuì zhe
教堂的尖塔和钟楼、点缀着

xiān huā de pēn quán zhuāng shì zhe jiǎo tǎ de fáng
鲜花的喷泉、 装 饰着角塔的房

wū qīng xié de wū dǐng yǐ jí gōng gòng huā yuán
屋、倾斜的屋顶以及公共花园

děng gòu chéng le yì fú zhěng qí xié tiáo de jiàn zhù
等构成了一幅整齐协调的建筑

měi jǐng tú qí dà bù fen de lì shǐ kě zhuī sù
美景图,其大部分的历史可追溯

dào shì jì hé shì jì
到17世纪和18世纪。

到18世纪时,伯尔尼的政治地位达到了顶峰。

迈锡尼和提那雅恩斯的遗址

迈锡尼和提那雅恩
斯遗址坐落在伯罗奔尼
撒半岛东北，城
堡坐落在一个三
角形的小山
丘上。约建于

▼ 狮子门

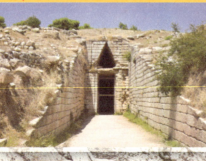

gōng yuán qián　　　　qián　　　nián　chéng qiáng bǎo cún wán hǎo
公元前1350~前1330年，城墙保存完好，

àn shān yán gāo dī qǔ píng　qí gāo dù yì bān yuē wéi　mǐ　　　mǐ
按山岩高低取平，其高度一般约为5米～11米，

zuì gāo chù yuē dá　mǐ　hòu dù wéi　mǐ　　mǐ　quán bù cǎi
最高处约达18米，厚度为3米～14米，全部采

yòng diāo záo　shǐ qí chéng wéi cháng fāng xíng de jù shí　chéng bǎo
用雕凿，使其成为长方形的巨石。城堡

nèi de jiàn zhù yǐ dāng nián mài xī ní guó wáng de huáng gōng wéi zhǔ
内的建筑以当年迈锡尼国王的皇宫为主

tǐ　bāo kuò wèi shì　huí láng　mén tīng　jiē dài shì　qián tīng　yù
体，包括卫室、回廊、门厅、接待室、前厅、御

zuò tīng děng
座厅等。

深远影响

迈锡尼和提那雅恩斯的建筑和设计，比如狮门和阿特柔斯珍宝室及提那雅恩斯的墙，是人类创造才能的杰出典范，对古希腊建筑和城市设计的发展有着深远的影响。

智慧讲堂

第四章 欧洲 4

雅典卫城

雅典卫城是希腊古代遗址中最为著名的建筑，它距今已有3 000年的历史。公元前16世纪上半叶~前12世纪，这里是迈锡尼文明时代的王宫所在地，从公元前800年开始，人们在这里扩建神庙等祭祀

用的建筑物，使之成为雅典宗教活动的中心，并且逐渐高于地下形成城市。雅典卫城是市民战时的避难场所，它是一个由牢固的防护墙壁护卫着的山冈城市。

雅典卫城遗址

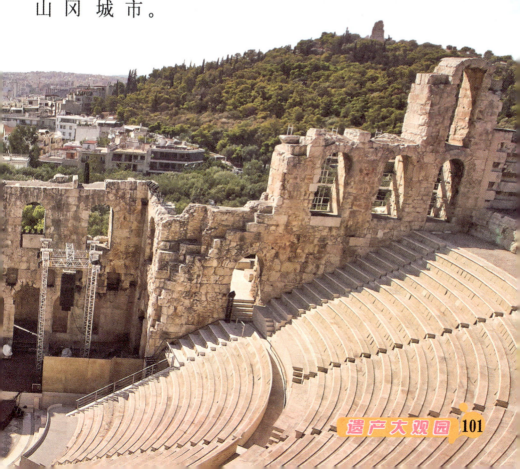

雅典卫城

　　雅典卫城坐落在面积约为四平方千米的一块高地上。自然形成的山体使人们只能从山的西侧登上卫城，高地的其他三面都是悬崖绝壁，地形十分险峻。

智慧讲堂

奥林匹亚
考古遗迹

ào lín pǐ yà kǎo gǔ yí jì zhōng zuì zǎo de yí jì shǐ jiàn
奥林匹亚考古遗迹中最早的遗迹始建

yú gōng yuán qián qián nián zōng jiào jiàn zhù shǐ jiàn yú
于公元前2000~前1600年，宗教建筑始建于

yuē gōng yuán qián nián cóng gōng yuán qián
约公元前1000年。从公元前

qián nián ào lín
776~前393年，奥林

pǐ yà yīn jǔ bàn jì sì zhòu
匹亚因举办祭祀宙

sī zhǔ shén de tǐ yù shèng
斯主神的体育盛

diǎn ér wén míng yú shì ào
典而闻名于世，奥

lín pǐ yà shì ào lín pǐ kè
林匹亚是奥林匹克

奥林匹亚考古遗迹中的许多建筑和设施，都是为体育比赛而修建的。奥林匹亚竞技场建于公元前2世纪，但现在只有一部分天棚还残存着。

运动会的发源地。

古时候，古希腊人把体育竞赛看作是祭祀奥林匹斯山众神的一种节日活动。公元前776年，伯罗奔尼撒半岛西部的奥林匹亚村举行了人类历史上最早的运动会——古代奥林匹克运动会。

为纪念奥林匹亚竞技会，1896年在雅典举行了第一届（现代）奥林匹克运动会。

伦敦塔

<ruby>伦<rt>lún</rt></ruby><ruby>敦<rt>dūn</rt></ruby><ruby>塔<rt>tǎ</rt></ruby><ruby>中<rt>zhōng</rt></ruby><ruby>最<rt>zuì</rt></ruby><ruby>有<rt>yǒu</rt></ruby><ruby>吸<rt>xī</rt></ruby><ruby>引<rt>yǐn</rt></ruby><ruby>力<rt>lì</rt></ruby><ruby>的<rt>de</rt></ruby><ruby>场<rt>chǎng</rt></ruby><ruby>馆<rt>guǎn</rt></ruby><ruby>是<rt>shì</rt></ruby><ruby>珍<rt>zhēn</rt></ruby><ruby>宝<rt>bǎo</rt></ruby><ruby>馆<rt>guǎn</rt></ruby>，<ruby>珍<rt>zhēn</rt></ruby><ruby>宝<rt>bǎo</rt></ruby><ruby>馆<rt>guǎn</rt></ruby><ruby>中<rt>zhōng</rt></ruby><ruby>有<rt>yǒu</rt></ruby><ruby>全<rt>quán</rt></ruby><ruby>套<rt>tào</rt></ruby><ruby>的<rt>de</rt></ruby><ruby>御<rt>yù</rt></ruby><ruby>用<rt>yòng</rt></ruby><ruby>珍<rt>zhēn</rt></ruby><ruby>宝<rt>bǎo</rt></ruby><ruby>展<rt>zhǎn</rt></ruby><ruby>出<rt>chū</rt></ruby>。

1994 <ruby>年<rt>nián</rt></ruby> 3 <ruby>月<rt>yuè</rt></ruby>，<ruby>伊<rt>yī</rt></ruby><ruby>丽<rt>lì</rt></ruby><ruby>莎<rt>shā</rt></ruby><ruby>白<rt>bái</rt></ruby><ruby>女<rt>nǚ</rt></ruby><ruby>王<rt>wáng</rt></ruby><ruby>二<rt>èr</rt></ruby><ruby>世<rt>shì</rt></ruby><ruby>宣<rt>xuān</rt></ruby><ruby>布<rt>bù</rt></ruby><ruby>开<rt>kāi</rt></ruby><ruby>放<rt>fàng</rt></ruby><ruby>了<rt>le</rt></ruby><ruby>位<rt>wèi</rt></ruby><ruby>于<rt>yú</rt></ruby><ruby>滑<rt>huá</rt></ruby><ruby>铁<rt>tiě</rt></ruby><ruby>卢<rt>lú</rt></ruby><ruby>区<rt>qū</rt></ruby><ruby>底<rt>dǐ</rt></ruby><ruby>层<rt>céng</rt></ruby><ruby>的<rt>de</rt></ruby><ruby>一<rt>yí</rt></ruby><ruby>个<rt>gè</rt></ruby><ruby>全<rt>quán</rt></ruby><ruby>新<rt>xīn</rt></ruby><ruby>的<rt>de</rt></ruby><ruby>珍<rt>zhēn</rt></ruby><ruby>宝<rt>bǎo</rt></ruby><ruby>馆<rt>guǎn</rt></ruby>。<ruby>珠<rt>zhū</rt></ruby><ruby>宝<rt>bǎo</rt></ruby>

陈列在珍宝馆内明亮的玻璃柜中，参观者则在自动通道上缓缓通过。参观者可以通过玻璃柜上方的巨大的屏幕了解这些珠宝的历史背景，以及它们在加冕典礼中的作用。

头脑风暴

　　加冕典礼的历史要追溯到英格兰王国的爱德华时代。参观者所看到的伊丽莎白女王加冕礼上的珠宝大多来自1660年或晚些时候的查理二世复辟时期。

bái sè de lún dūn tǎ de sì jiǎo jiàn yǒu zhuī xíng tǎ lóu
白色的伦敦塔的四角建有锥形塔楼，

dēng shàng tǎ lóu kě yǐ fǔ shì sì zhōu yōu měi de zì rán fēng
登上塔楼可以俯视四周优美的自然风

guāng qí fù shǔ jié gòu de xiū jiàn chí xù le jǐ gè shì jì jiàn
光。其附属结构的修建持续了几个世纪，建

chéng hòu de jiàn zhù bāo kuò le nèi chǎng de gè tǎ hé wài chǎng
成后的建筑包括了内场的13个塔和外场

de gè tǎ hé léng bǎo
的6个塔和棱堡。

AIYUEDUDAKAIYANJIEXILIE

爱阅读 大开眼界 系列

大洋洲

第五章

大堡礁

大堡礁北起托雷斯海峡，向南直到弗雷泽岛附近，沿澳大利亚东北海岸线延伸2 000多千米，总面积达8万平方千米。北部排列呈链状，宽16千米~20千米；南部分布面宽达240千米。

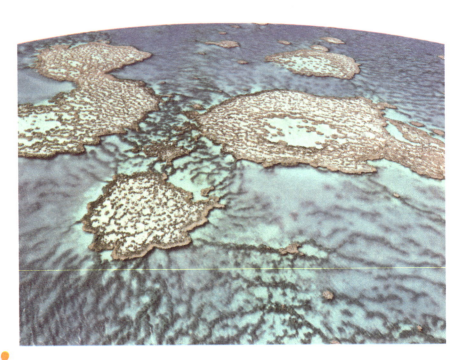

大堡礁海域海底礁石林立,所以周围修建了大量的航标灯塔,有些已成为著名的历史遗址,还有一些经过加固到现在还发挥着作用。

dà bǎo jiāo shuǐ yù yuē yǒu dà xiǎo dǎo yǔ duō
大堡礁水域约有大小岛屿600多
gè qí zhōng yǐ lǜ dǎo dān kè dǎo cí shí dǎo děng jiào
个,其中以绿岛、丹客岛、磁石岛等较
wéi zhù míng dà bǎo jiāo bāo kuò duō zhǒng xuàn lì duō
为著名。大堡礁包括350多种绚丽多
cǎi de shān hú zào xíng zī tài wàn qiān bǎo jiāo dà bù fen
彩的珊瑚,造型姿态万千,堡礁大部分
chǔ zài shuǐ li dī cháo shí cái shāo wēi lù chū jiāo dǐng
处在水里,低潮时才稍微露出礁顶。

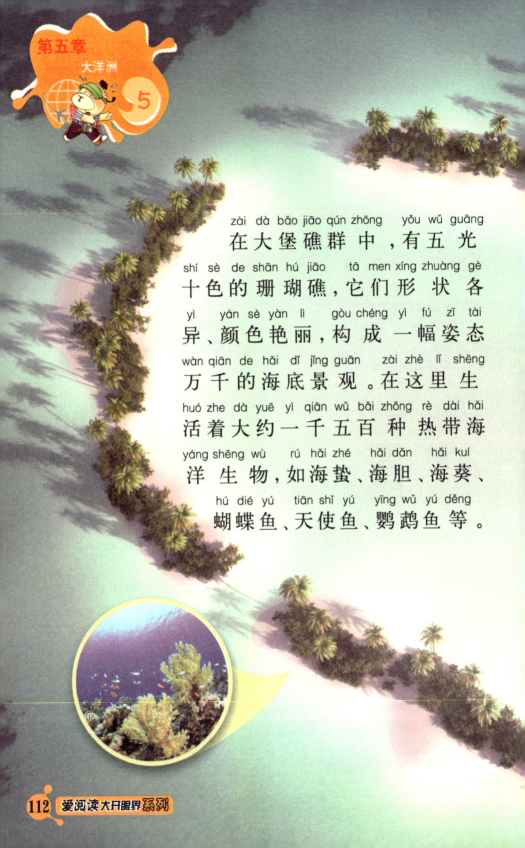

zài dà bǎo jiāo qún zhōng　　yǒu wǔ guāng
在大堡礁群中，有五光

shí sè de shān hú jiāo　　tā men xíng zhuàng gè
十色的珊瑚礁，它们形状各

yì　　yán sè yàn lì　　gòu chéng yì fú zī tài
异、颜色艳丽，构成一幅姿态

wàn qiān de hǎi dǐ jǐng guān　　zài zhè lǐ shēng
万千的海底景观。在这里生

huó zhe dà yuē yì qiān wǔ bǎi zhǒng rè dài hǎi
活着大约一千五百种热带海

yáng shēng wù　　rú hǎi zhé　　hǎi dǎn　　hǎi kuí
洋生物，如海蜇、海胆、海葵、

hú dié yú　　tiān shǐ yú　　yīng wǔ yú děng
蝴蝶鱼、天使鱼、鹦鹉鱼等。

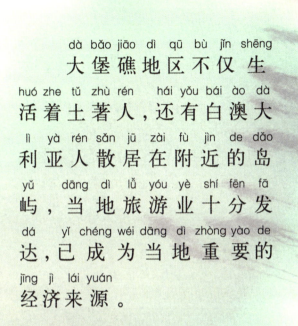

大堡礁地区不仅生活着土著人，还有白澳大利亚人散居在附近的岛屿，当地旅游业十分发达，已成为当地重要的经济来源。

西澳大利亚
鲨鱼岛

在鲨鱼岛上，一些地区由珊瑚礁、海绵和其他的无脊椎动物，还有热带和亚热带鱼类组成一个相当独特的生态群落。然而在鲨鱼岛这个生态系统中最为基础的构成部分还是"海草牧场"。

鲨鱼岛囊括了面积最大和种属分异度最高的海草平原,鲨鱼湾内有很多浅水地区,这些地区都是跳水和潜水活动的良好场所。古德龙残骸被西澳大利亚海运博物馆评估为最佳的残骸之一。

宽阔的珊瑚丛是水下观赏的又一景观。珊瑚礁块的直径大约有五百米，里面充满了众多的海洋生物，大量五彩缤纷的珊瑚让人目不暇接，蓝色、紫色、绿色、棕色等等，真是让人眼花缭乱。在这里生活着的浅紫色的海绵是非常出名的。在其中一处海域，有一个美丽的蓝色石松珊瑚的生长群落，犹如一个五光十色的展览厅。

头脑风暴

鲨鱼岛附近的服务设施也很齐全，餐饮娱乐以及购物等服务性行业在这里非常繁荣。但如果你想潜水的话，则必须自带潜水设备和压缩空气瓶，这里不提供相关的租借服务。

▲ 鲨鱼岛美丽的自然风光

▼ 鲨鱼岛海域中的海豚

汤加里罗
国家公园

tāng jiā lǐ luó guó jiā gōng yuán shì yí gè yǒu dú tè mèi lì
汤加里罗国家公园是一个有独特魅力

de huǒ shān gōng yuán   gè huǒ shān kǒu zhōng yǒu   gè zhù míng
的火山公园，15个火山口中有3个著名

de huó huǒ shān   tāng jiā lǐ luó   ēn ào lǔ huò ài   lǔ ā pèi
的活火山：汤加里罗、恩奥鲁霍艾、鲁阿佩

hú huǒ shān   zhè lǐ gāo dà xiǎn jùn de qún shān yǔ huǒ shān huó dòng
胡火山。这里高大险峻的群山与火山活动

de qí jǐng   xī yǐn le shì jiè gè dì de yóu kè
的奇景，吸引了世界各地的游客。

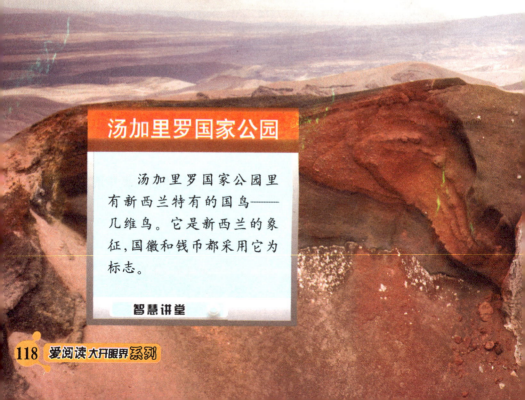

汤加里罗国家公园

　　汤加里罗国家公园里有新西兰特有的国鸟——几维鸟。它是新西兰的象征，国徽和钱币都采用它为标志。

智慧讲堂

恩奥鲁霍艾火山口海拔约两千三百米，烟雾缭绕，常年不息。鲁阿佩胡山海拔约两千八百米，是北岛的最高点，公园内还设有架空滑车，能够接近山顶。从山顶远眺，能够看见方圆百里内的秀丽景色。

tāng jiā lǐ luó guó jiā gōng yuán lǐ shì
汤加里罗国家公园里是

yí piàn huǒ shān yuán lín fēng guāng　huǒ shān huī
一片火山园林风光，火山灰

pū chéng de yín huī sè dà dào qū zhé de yán shēn zài shān jiān　fēng
铺成的银灰色大道曲折地延伸在山间，峰

dǐng jī xuě fù gài　zhuàng guān jí le
顶积雪覆盖，壮观极了。

^{tāng jiā lǐ luó gōng yuán lǐ huǒ shān huó dòng de jǐng guān qí}

汤加里罗公园里火山活动的景观奇

^{lì duō zī yàng shì gè yì yóu rén měi dào yí chù dōu huì yǎn}

丽多姿、样式各异，游人每到一处，都会眼

^{qián yí liàng}

前一亮。

卡卡杜
国家公园

卡卡杜国家公园占地约20 000平方千米，凭借苍翠葱郁的原始森林、大量稀有珍贵的野生动物、保存着20 000年前的山崖洞穴间的原始壁画而举世闻名。

知识加油站

公园内的许多洞穴里有着大量不同风格的绘画艺术。在阿纳姆高原地带这种洞穴最多，有些的年龄达 18 000 年之久。古代文物、考古遗址、土著居民的文化和艺术遗址使这里远近闻名。

gōng yuán nèi de zhí wù lèi xíng duō zhǒng duō yàng　yuē yǒu yì
公园内的植物类型多种多样，约有一
qiān liù bǎi duō zhǒng　　zhè lǐ shì ào dà lì yà běi bù jì fēng qì hòu
千六百多种，这里是澳大利亚北部季风气候
qū zhí wù duō yàng xìng zuì gāo de dì qū　　yóu qí shì ā nà mǔ xī
区植物多样性最高的地区，尤其是阿纳姆西
bù shā yán dì dài de zhí wù zhǒng lèi gèng duō　　qí zhōng bāo kuò xǔ
部砂岩地带的植物种类更多，其中包括许
duō dì fāng xìng shǔ zhǒng
多地方性属种。

群 岛

▲ 生活在亚南极区的海豹

ào kè lán qún dǎo de yà dāng sī dǎo zài   nián bèi huà
奥克兰群岛的亚当斯岛在1910年被划

wéi dòng zhí wù qún bǎo hù dì   nián   zhěng gè ào kè lán
为动植物群保护地。1934年，整个奥克兰

qún dǎo dōu bèi nà rù dòng zhí wù qún bǎo hù qū   kǎn bèi ěr dǎo
群岛都被纳入动植物群保护区。坎贝尔岛

在 1953 年也被划入，其他三个群岛分别在
1961 年、1977 年得到认定。

知识加油站

新西兰亚南极区群岛由斯内斯群岛、邦提群岛、安提波德斯群岛、奥克兰群岛和坎贝尔岛组成。这些岛屿有着许多特殊的鸟类、植物和无脊椎动物。

<ruby>所<rt>suǒ</rt></ruby><ruby>有<rt>yǒu</rt></ruby><ruby>的<rt>de</rt></ruby> 5<ruby>个<rt>gè</rt></ruby><ruby>群<rt>qún</rt></ruby><ruby>岛<rt>dǎo</rt></ruby><ruby>在<rt>zài</rt></ruby> 1977<ruby>年<rt>nián</rt></ruby><ruby>的<rt>de</rt></ruby><ruby>保<rt>bǎo</rt></ruby><ruby>护<rt>hù</rt></ruby><ruby>法<rt>fǎ</rt></ruby><ruby>案<rt>àn</rt></ruby><ruby>中<rt>zhōng</rt></ruby><ruby>重<rt>chóng</rt></ruby><ruby>新<rt>xīn</rt></ruby><ruby>被<rt>bèi</rt></ruby><ruby>指<rt>zhǐ</rt></ruby><ruby>定<rt>dìng</rt></ruby><ruby>为<rt>wéi</rt></ruby><ruby>自<rt>zì</rt></ruby><ruby>然<rt>rán</rt></ruby><ruby>遗<rt>yí</rt></ruby><ruby>产<rt>chǎn</rt></ruby>。

斯内斯群岛和邦提群岛是在花岗岩和变质岩基底上形成的，另外三个群岛在其南部，是在火山岩构造上发展而来的。土

rǎng duō shì xí zhuàng ní tàn hòu dá
壤多是席 状 泥炭,厚达8

mǐ dàn zài bào lù hé shuǐ jí qiǎn de
米 ,但在暴露和水极浅的

bāng tí qún dǎo shang méi yǒu ní tàn cún zài ào kè lán qún dǎo hé
邦提群岛 上 没有泥炭存在。奥克兰群岛和

kǎn bèi ěr dǎo shang yǒu dà guī mó bīng chuān fā yù de shí zhèng
坎贝尔岛 上 有大规模冰 川 发育的实 证 ,

yōng yǒu xǔ duō hǎi wān hé shēn shuǐ gǎng ér bāng tí qún dǎo shì
拥有许多海湾和深水港,而邦提群岛是

yóu yì zǔ xiǎo de yán shí dǎo zǔ chéng suǒ yǐ méi yǒu ān quán de
由一组小的岩石岛组 成 ,所以没有安全的

tíng kào dì
停靠地。